La Vuelta al Mundo Hispano (Level 1)

Published by Mariachi y Flamenco
For information contact:
Mariachi y Flamenco Publishing, LLC
www.mariachiyflamenco.com
info@mariachiyflamenco.com

Authors: Luna González y Clara Torielli © 2022
Editors: Luna González y Clara Torielli © 2022
Illustrated by Keny Porras © 2022
Designed by Keny Porras © 2022

LA VUELTA AL MUNDO HISPANO

About La Vuelta al Mundo Hispano

You have in your hands, book one of four of **La Vuelta al M undo Hispano**. In book one, we will travel throughout Spain to better know their customs and cast of characters. **La Vuelta al Mundo Hispano** is the story of five students from different Spanish-speaking countries who, through their adventures, guide us in our own learning about Spanish-speaking cultural traditions and language.

This book is designed for Spanish level one classes, and is the start of a four-book series designed as a curriculum supplement to support levels 1-4 in any existing curriculum. The tasks and language in level 1 of La Vuelta al Mundo Hispano are designed with ACTFL proficiency levels in mind, and align with ACTFL NOVICE MID (N2-N4) goals and skills. Students at this level are described as being able to identify a number of highly contextualized words and phrases, including cognates and borrowed words but rarely understand material that exceeds a single phrase. Level one students from any environment should feel comfortable and confident navigating this text, both with and without direct assistance from an instructor.

The complete series of four books designed for use over four years of progression in the Spanish language grows with the students. Each level consists of five units, with two readings each, that are aligned with the 10-month academic calendar. In these units, students learn to interpret new language in comprehensible contexts, while also learning more directly through targeted vocabulary, comprehension questions, writing, listening and guided speaking activities. Woven throughout the book are media and information relating to the cultural products, practices and perspectives of the respective countries.

Join us in the next book of the series when we will travel the American continent with our same group of friends, growing and enjoying **La Vuelta al Mundo Hispano.**

Join our digital community:

UNIDAD 1: ESPAÑA

Concepts
- Greetings
- Where you are from
- Numbers
- Days of the week

Grammar
- Ser *(soy de... / soy + adjective)*
- Noun-adjective agreement
- Gustar + *infinitive*

Culture and Tradition
- Los Sanfermines
- La Tomatina

UNIDAD 2: MÉXICO

Concepts
- School schedules
- Telling time
- What you have to do
- How often you do things
- Location

Grammar
- Tener
- Tener + que + *infinitive*
- Words that express frequency *(siempre, nunca, etc.)*
- Regular verbs (–ar)
- Estar
- Ir + a + *infinitive*

Culture and Tradition
- Día de Muertos
- La Quinceañera

UNIDAD 3: COLOMBIA

Concepts
- Talking about food, meals
- Expressions with tener *(tener hambre, etc.)*
- Asking questions
- Talking about family
- Age and dates

Grammar
- Question words *(¿Qué? ¿Cómo?, ¿Cuál, etc.)*
- Gustar + nouns
- Regular verbs (–er, –ir)
- Possessive adjectives to show relationship

Culture and Tradition
- Las Novenas
- Carnaval Negros y Blancos

UNIDAD 4: CHILE

Concepts
- Comparisons
- Typical clothing
- Seasonal clothing

Grammar
- Comparatives *(más que / menos que / tan...como)*
- Expressions with *tener (tener frío, tener calor)*
- Stem-changing verbs (e: ie)

Culture and Tradition
- Tapati Rapa Nui
- Carnaval de Cádiz

UNIDAD 5: CUBA

Concepts
- Things to do around town
- Types of transportation
- What you will do later

Grammar
- Ir + a + *infinitive*
- Tomar el metro, autobús
- A pie
- En taxi

Culture and Tradition
- Mayoría de edad
- Música cubana

Teacher's Guide

Your teacher guide for *La Vuelta al Mundo Hispano, Level 1* includes everything you need to support your students with every reading and post-reading activity.

- [ ] Teachers can help students with a brief summary of the previous reading before the start of the new reading.
- [ ] Point out cognate and false cognates words during the reading.
- [ ] Useful vocabulary is marked with an (*) and given the English equivalent on every
- [ ] page. Readings can be assigned for homework, read in pods, select students to play the role of a character and read aloud.
- [ ] All vocab marked useful (*) will be the focus in the vocabulary worksheet in the post-reading activities to provide repetition.
- [ ] All vocab marked useful (*) will be the focus in the digital vocabulary games (QR scan required to practice). All QR codes are available on the vocabulary worksheets.
- [ ] At the end of each reading, you will have **four** different activities:
  - *Vocabulary* - Worksheets and digital games (this will provide repetitions with new and essential words)
  - *Culture* - This activity will provide the students a way to discuss with a partner more of the culture that was mentioned in the reading.
  - *Comprehension questions* - This will assess their comprehensible input and the ability to challenge themselves by answering the questions in Spanish.
  - *Listening/ writing* - Students will scan a QR and have the ability to play an audio (read by a native speaker) and write what they hear and understand.
    (dictation fashion). All audios are related to culture or a tradition mentioned in the reading.

Time frame for reading and activities

Activity	Time needed	50 minutes total
Reading	*5-10 minutes*	
Vocabulary	*5-10 minutes*	
Culture	*5-10 minutes*	
Comprehension	*5-10 minutes*	
Listening/ Writing	*5-10 minutes*	

Table of Contents

About the book 2
Content 3
Teacher guide 4
Table of content 5
Setting of the story 7
Characters 9

Unidad 1 - Lectura 1 12
Unidad 1 - Lectura 2 20
Unidad 2 - Lectura 1 25
Unidad 2 - Lectura 2 30
Unidad 3 - Lectura 1 34
Unidad 3 - Lectura 2 40
Unidad 4 - Lectura 1 45
Unidad 4 - Lectura 2 61
Unidad 5 - Lectura 1 70
Unidad 5 - Lectura 2 75

Unit worksheets 82

Units 1-5 worksheets QR codes & links

Google Doc

Download Word version

https://tinyurl.com/*LVMH-level1*

https://tinyurl.com/LaVuMuHi1

 @mariachiyflamenco   @mariachiyflamencopublishing

Table of Contents

About This Book 2
Content ....
Teacher Guide ....
Table of Contents ....
String of the story ....
Characters ....
Unidad 1 - Lectura 1 15
Unidad 1 - Lectura 2 20
Unidad 2 - Lectura 1 25
Unidad 2 - Lectura 2 30
Unidad 3 - Lectura 1 ....
Unidad 3 - Lectura 2 40
Unidad 4 - Lectura 1 45
Unidad 4 - Lectura 2 ....
Unidad 5 - Lectura 1 70
Unidad 5 - Lectura 2 75
Unit Worksheets ....

Units 1-5 Worksheets Connected by links

How to Use

Download Worksheets

Los personajes de nuestra historia son de diferentes países.
¿Vamos a conocerlos?

PERSONAJES

Johnny
Estados Unidos
de América

Chucho
México

Juana
Cuba

María
Chile

Situación:
Es estudiante de intercambio
Color favorito: Verde

Le gusta:

Jugar al fútbol

Hacer amigos

Cocinar

La arquitectura

Nombre: José de Jesús
Apellido: Alcázar Muñoz
Alias: Chucho
Edad: 17 años
País de origen: México

No le gusta:

Jugar videojuegos

Levantarse temprano

Ir de compras

Características:
Es alto* y rubio*.
Es simpático*.

Situación: Es estudiante. Vive con
su madre en Alcalá de Henares.
Color favorito: Morado

Le gusta:

Tocar la guitarra

Dar paseos

Comer congrí

Estudiar música

Nombre: Juana
Apellido: Rodríguez Pihni
Alias: Ju
Edad: 17 años
País de origen: Cuba

No le gusta:

Volar en avión

La comida picante

La carne

Características:
Tiene pelo largo* y marrón*.
Es alegre*.

VOCABULARY

Alto = Tall	Pelo largo = Long hair
Rubio = Blond	Marrón = Brown
Simpático = Likeable	Alegre = Cheerful

Situación:
Es estudiante de intercambio
Color favorito: Rojo

Le gusta:

La tecnología

Los animales

Los videojuegos

Viajar

Nombre: John
Apellido: Smith
Alias: Johnny
Edad: 16 años
País de origen:
Estados Unidos de
América

No le gusta:

Leer

Comer vegetales

La playa

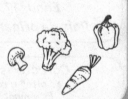

Características:
Es moreno*, tiene pelo rizado*.
Es romántico*.

Situación: Quiere estudiar en la
Universidad de letras.
Color favorito: Azul

Le gusta:

Leer

Andar en bicicleta

Comer

Escribir

Nombre: María
Apellido: Pérez Colinao
Alias: Mar
Edad: 18 años
País de origen: Chile

No le gusta:

El pescado

El fútbol

Los gatos

Características:
Es baja*, tiene pelo corto*.
Es tímida*.

VOCABULARY

Moreno = Brown	Baja = Short
Pelo rizado = Curly hair	Pelo corto = Short hair
Romántico = Romantic	Tímida = Shy

Situación: Estudia gastronomía.
Quiere ser cocinero en los barcos.
Color favorito: Amarillo

Le gusta:

Cocinar

Hacer amigos

Comer

Ir al mercado

Nombre: Manuel
Apellido: Sánchez García
Alias: Manu
Edad: 21 años
País de origen: España

No le gusta:

Que le den órdenes

Dormir

Estar solo

Características:
Tiene barba*. Es aventurero*.
Es una persona muy solidaria*.

VOCABULARY

Barba = Beard
Aventurero = Adventurous
Solidaria = Solidary

UNIDAD 1
LECTURA 1

EL COMIENZO DE UNA AVENTURA

Un mexicano en España

Un estadounidense en España

Una cubana en España

Una chilena en España

En el piso

Manuel:
¿Quién es José de Jesús?

Chucho:
Soy yo. Llámeme* Chucho.

Manuel:
Mucho gusto Chucho. Háblame de "tú"*.
¿De dónde eres, Chucho?

Chucho:
De México.

Manuel:
¿Sabías* qué aquí* "chucho" es perro callejero*?

Chucho:
¡Qué cómico!

VOCABULARY
Llámeme = Call me
Habláme de tú = Let's be informal
Sabías = Did you know
Aquí = Here
Perro callejero = Street dog

Manuel:
¿Y tú? ¿Eres John?

Johnny:
Sí, yo soy Johnny.

Manuel:
¿Johnny, como Juanito?

Johnny:
Sí.

Todos:
Ja ja

Manuel:
¿De dónde eres?

Johnny:
Soy de Houston, Texas. Pero mi madre es de Colombia.

Manuel:
¿Están aquí de vacaciones?

Chucho y Johnny:
No. Somos estudiantes de intercambio.

Manuel:
¡Qué bien! Yo soy de Sevilla. Estas son las habitaciones.

Chucho:
Es justo* lo que necesito. ¿Cuánto es la renta?

Manuel:
Son 250 euros por mes.

VOCABULARY

Justo = Just

¿SABÍAS QUÉ?
En la Unión Europea usan como moneda euros, en Estados Unidos dólares y en México pesos.

Johnny:
¡Cool! Me gusta mucho.

Chucho:
A mí también.

UNIDAD 1
LECTURA 2

NUEVOS AMIGOS

Chucho va al baño pero hay muchas personas...

Chucho mira* en internet el precio de las entradas* y se asusta.

Chucho recorre* la ciudad en el bus turístico. Como le gusta apreciar* la arquitectura, visita algunas obras* de Gaudí. Y manda* fotos a su familia...

Parc Güell

La Sagrada Familia

¿SABÍAS QUÉ?
Antonio Gaudí (1852-1926) es un arquitecto español modernista. Su obra se inspira en la naturaleza.

VOCABULARY
Recorre = Takes a tour
Apreciar = Appreciate
Obras = Artworks
Manda = Sends

En la tarde, tiene hambre* y va a comer tapas. Para su sorpresa*, en la televisión del restaurante está el partido Madrid- Barcelona.

TAPAS

VOCABULARY
Hambre = Hungry
Sorpresa = Surprise

Mientras Chucho recorre Barcelona, Johnny y María recorren Málaga y le mandan fotos.

Aquí estamos en el Mirador Gibralfaro

Este es el Mercado Central de Atarazanas

Mira qué bella la Catedral

En esta foto estamos en el puerto

UNIDAD 2
LECTURA 1

UN ALTAR PARA LOS MUERTOS

Una semana después* María escribe una postal a su abuela.

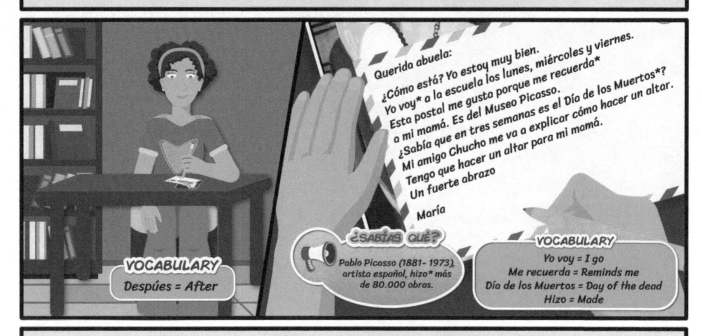

Un día llega* un paquete para Chucho con una carta*.

Son las ocho de la noche del domingo 2 de noviembre.
Los cinco amigos se reúnen* para celebrar el Día de Muertos.

Chucho toma la foto, y cuando María la imprime* algo extraño* se revela*

UNIDAD 2
LECTURA 2

LA QUINCEAÑERA

A las seis de la tarde, después de clases, los cinco amigos están en la cocina...

El lunes, los cinco amigos ayudan* a Chucho.
Van a la plaza y hacen fila* para hablar con Mario Casas.

Entonces, el viernes Chucho manda* el video a su familia para mostrar*
en la fiesta de su hermana.

En dos semanas Chucho, María y Johnny tienen que tomar* exámenes finales.

Quince minutos después María, Johnny y Chucho se encuentran* con Juana en la Churrería.

Finalmente* los amigos se toman una foto comiendo* churros y chocolate.

UNIDAD 3
LECTURA 1

UN VIAJE INESPERADO

Se termina* el semestre y Manuel quiere organizar una fiesta para celebrar Navidad*.

Manuel:
Chicos, ¿Qué van a hacer para Navidad?
Podemos* preparar comida típica de cada país*.

María:
Claro, ¡me gusta tu idea!

Chucho:
¿No vas a pasar* Navidad con tu familia, Manuel?

Manuel:
Mi familia está en Sevilla, y tengo que trabajar.
¡Ustedes son mi nueva* familia!

Juana:
Mi madre también* tiene que trabajar en Navidad.
Yo sí vengo* a la fiesta.

VOCABULARY

Termina = Ends	Pasar = Spend
Navidad = Christmas	Nueva = New
Podemos = We can	También = Also
País = Country	Vengo = I'll come

María:
Y tú Johnny, ¿preparas el pavo*?

Johnny:
Yo no puedo*. Yo voy a viajar* a Colombia el 15 de diciembre. Voy a visitar a mi familia Colombiana.

Manuel:
¡Qué guay* tío*.
¿Y cómo celebran la Navidad en Colombia?

Johnny:
¡No sé*, es la primera vez* que voy a Colombia!

Manuel:
¡Qué emocionante*!
¿Conoces* a la familia de tu madre?

VOCABULARY

Pavo = Turkey
No puedo = Can't
Viajar = To travel
Guay = Cool
Tío = Dude

No sé = I don't know
Vez = Time
Emocionante = Exciting
Conoces = You met

Johnny:

Conozco* a mis abuelos pero tengo diez primos* que no conozco.

María:

¡Es una familia grande! Cómo la de Cien años de soledad. Me gusta esa novela*.

Manuel:

¿Y en dónde vive tu familia?

Johnny:

Ellos viven en San Juan de Pasto. Ya quiero ver* a mis abuelos.

¿SABÍAS QUÉ?

"Cien años de soledad" es una novela del escritor Colombiano Gabriel García Márquez

VOCABULARY

Novela = Novel   Conozco = I met

Ver = See   Primos = Cousins

UNIDAD 3
LECTURA 2

DE NAVIDAD Y CARNAVALES

Un día Johnny va a casa de su tío para desayunar.

Johnny:
¡Qué frío!

Tío:
Claro, aquí hay muchas montañas*.
¿Va a subir* el Volcán Galeras*?

Johnny:
Sí, quiero subir el volcán, ¿vamos?

Tío:
Ahora no puedo. Tengo que terminar una carroza*
para el Canaval de Negros y Blancos.

¿SABÍAS QUÉ?

El Carnaval de Negros y
Blancos se celebra el
5 de Enero, para festejar la
igualdad* entre las razas*.

VOCABULARY

Montañas = Mountains
Subir = Go up
Igualdad = Equality

Razas = Races
Volcán Galeras = Active volcano

En el taller* de su tío hay una carroza de diez metros* de alto.

VOCABULARY
Taller = Workshop
Metros = Meter
1 meter = 3.2 feet

SAN JUAN DE ...

Tío:
Toda la familia nos ayuda*, ¿quiere ayudar sobrino?

Johnny:
¡Wow! ¡Es una obra de arte*! ¿Cómo puedo ayudar?

Tío:
Usted puede pintar*. Estos son los colores:

Johnny y su familia trabajan hasta* las 2 de la mañana.

VOCABULARY
Ayuda = Help
Obra de arte = Work of art
Pintar = Paint
Hasta = Until

**En el Carnaval la carroza es la más bonita del desfile*.
Johnny manda unas fotos a sus amigos.**

VOCABULARY
Desfile = Parade

SAN JUAN DE PASTO

Amigos
Chucho, María, Manuel, Juana, You.

¿Cómo están? Aquí están las fotos del Carnaval de Negros y Blancos.
Aquí estoy con mi primo caminando con las figuras gigantes.
2:15 PM

SAN JUAN DE PASTO

Qué bien Jhonny.
¡Qué guapo!
9:17 PM

Qué bien Jhonny.
¡Qué guapo!
9:17 PM

¡Gracias, Juana! Nos vemos* pronto*, en unos días vuelvo* a España.
2:18 PM

¡Buen viaje!
9:18 PM

¡Te vemos pronto*!
9:19 PM

¡Buen viaje, Jhonny!
9:19 PM

ensaje

VOCABULARY
Nos vemos = See you
Pronto = Soon
Vuelvo = I'll be back
Regalos = Gifts

**Pocos días después Johnny vuelve a España con regalos*
para sus amigos, todos están felices de su retorno.**

UNIDAD 4
LECTURA 1

VIAJE A CÁDIZ

Pasa el tiempo y los cinco amigos organizan un nuevo viaje.

Manuel:

En febrero empieza el Carnaval de Cádiz ¿Quieren ir?

Chucho:

No conozco ese* Carnaval ¿Cómo es?

Manuel:

Todas las personas se disfrazan* y se pintan* la cara.

Johnny:

Ah, ¡como en el Carnaval de Negros y Blancos!

Manuel:

Exactamente*. Las calles* de Cádiz se llenan* de colores y de música.

María:

Yo quiero ir.

¿SABÍAS QUÉ?

El Carnaval de Cádiz es uno de los más antiguos de Europa.

VOCABULARY

Ese = That one
Disfrazan = Disguise
Pintan = They paint
Exactamente = Exactly
Calles = Streets
Llenan = Fill

Juana:
¿Tenemos que llevar un disfraz*?

Manuel:
Sí. Nos tenemos que disfrazar y pintar la cara.
Eso es más divertido*.

Johnny:
¿Qué custome vas a llevar Manuel?

Manuel:
¿Custome? ¿quieres decir disfraz?
Podemos comprar algo en la tienda de disfraces.

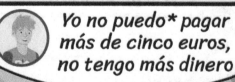

VOCABULARY

Disfraz = Custome
Divertido = Fun
No puedo = I can't

Juana:
Yo tengo un disfraz de bailarín* de Mambo.
Te lo comparto*, Chucho.

Manuel:
Tenemos que llevar ropa de invierno, porque hace frío en Febrero.

Juana:
Ah, no. La ropa* que tengo es de verano.
¡En Cuba nunca hace frío!

Chucho:
¿Siempre hace calor en Cuba?

¿SABÍAS QUÉ?

El Mambo es un baile de Cuba. La ropa de los bailarines tiene muchos colores.

VOCABULARY

Bailarín = Dancer
Comparto = Share
Ropa = Clothes

Juana:
Sí. Allá siempre usamos shorts, sudaderas y sandalias*.

Shorts

Vestido

Sudadera

Traje de baño

Sandalias

Juana:
¿Qué tiempo hace en México?

Chucho:
En Ciudad de México el invierno es frío, hay que llevar pantalones y chamarras*, o abrigo como le dicen aquí.

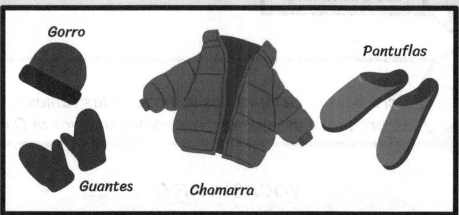

Gorro

Pantuflas

Guantes

Chamarra

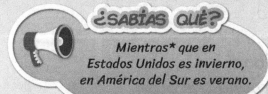

¿SABÍAS QUÉ?
Mientras* que en Estados Unidos es invierno, en América del Sur es verano.

VOCABULARY
Sandalias = Flip flops
Chamarras = Jacket
Mientras = While

Juana:
¡Ay, qué bonito! Yo quiero conocer la nieve.
Me gusta usar gorros de lana*.

María:
¡Y yo quiero conocer el Caribe! Me gusta llevar
traje de baño y nadar en el mar*.

Manuel:
Mi sueño* es cocinar en un velero* en el Mar Caribe,
y no tener que usar nunca* más un abrigo.

Johnny:
Dream on ¡Jaja!

María:
¡Qué buena idea!

Manuel:
Pero bueno, siempre nos vamos por las ramas*.
La pregunta es ¿qué disfraz vamos a llevar al Carnaval?

VOCABULARY

Lana = Wool
Mar = Sea
Sueño = Dream
Velero = Sailboat
Por las ramas = Beat around the bush

Los chicos viajan a Cádiz en coche.
Manuel conduce* y María va de copiloto.

María:

¿Sabías que en Chile se celebra algo similar al Carnaval de Cádiz?

Manuel:

¿En serio*? ¿Qué se celebra?

María:

Se celebra el Tapati Rapa Nui*. Es en la isla de Pascuas*.

Manuel:

¿Y cómo celebra?

VOCABULARY

¿En serio? = Really?
Isla de Pascuas = Easter Island

María:

En febrero las personas de la isla se visten* con trajes* tradicionales y preparan comida típica para celebrar las tradiciones del pueblo de Rapa Nui.

Manuel:

¿Y qué comida se prepara?

María:

Se prepara el umu tahu, un asado gigante* de carnes y pescados para toda la comunidad.

Manuel:

Ah! En Cádiz se preparan las erizadas*, que son 400kg de erizos de mar*, ¡para toda la comunidad!

María:

¿En serio?

¿SABÍAS QUÉ?

En Europa y Latinoamérica usan kilos para medir peso mientras que en Estados Unidos usan libras*.

VOCABULARY

Visten = Dress up
Trajes = Costumes
Asado gigante = Giant Roast
Erizos de mar = Sea urchins
Libras = Pounds

Manuel:
Sí y también la ostionada*, ¡que son 1,500kg de ostras*!

María:
Tengo hambre de tanto* hablar de comida.

Manuel:
En el festival de Cádiz hay desfiles* de caballos* y carrozas*. ¿Hay desfiles de caballos en el Tapati Rapa Nui?

María:
No, pero hay carreras* de caballos.

Manuel:
¡¡El carnaval es maravilloso!!

¿SABÍAS QUÉ?

El Tapati Rapa Nui es una de las fiestas tradicionales más importantes de toda la polinesia.

VOCABULARY

Ostras = Oysters
Tanto = So much
Desfiles = Parades
Caballos = Horses
Carrozas = Floats
Carreras = Races

Chucho, Juana y Johnny están en el asiento* de atrás*.
Chucho duerme. Juana y Johnny hablan muy de cerca*.

Johnny:
Juana, pronto* vuelvo a Houston, I'm going to miss you...

Juana:
¿Miss you? ¿echar de menos*?

Johnny:
Sí. quiero decir que... me gustas mucho.

VOCABULARY

Asiento = Seat
Atrás = Back
Cerca = Close
Pronto = Soon
Echar de menos = Miss you

Johnny:

¡Uf! Qué coincidencia

Johnny y Juana van a besarse* cuando de pronto...

¡Ya llegamos a Sevilla!

VOCABULARY
Besarse = Kiss

En Sevilla almuerzan con la familia de Manuel.

Alba:
¡Bienvenidos! Yo soy Alba y él es José, somos los padres de Manuel.

José:
Dice Manuel que son de América, ¿de dónde son?

María:
Hola, mucho gusto. Yo soy María, soy de Chile.

José:
Bienvenida ¡qué bonito es Chile! Conocemos* Valparaíso*, y la casa de Pablo Neruda en Isla Negra.

Alba:
Mi hermano* vive en Chile y lo visitamos cada* dos años.

José:
Su esposa* es chilena y nuestro sobrino* también es chileno.

María:
¡Qué bien!¿Y cuándo piensan volver?

Alba:
El próximo* año vamos.

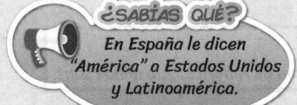

¿SABÍAS QUÉ?
En España le dicen "América" a Estados Unidos y Latinoamérica.

¿SABÍAS QUÉ?
Pablo Neruda fue* un poeta Chileno muy importante.

VOCABULARY

Conocemos = Acquainted
Hermano = Brother
Esposa = Wife
Sobrino = Nephew
Próximo = Next
Cada = Every
Fue = Was

José:
Vamos a tocar música Chilena ¿recuerdas dónde está el disco* de Violeta Parra*?

Manuel:
Papá, Violeta Parra y los discos son del pasado.

María:
Yo tengo música de Mon Laferte en mi celular.

Manuel:
Eso de irse por las ramas* es de familia, ja ja.

Alba:
Vamos a ver la casa y el jardín.

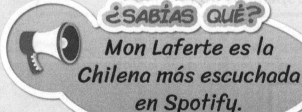

¿SABÍAS QUÉ?
Mon Laferte es la Chilena más escuchada en Spotify.

Mon Laferte

VOCABULARY
Irse por las ramas = Beat around the bush
Disco = Record
Voleta Parra = Chilean folk singer

Manuel:
Mira Chucho, aquí está otro chucho que adoptamos de la calle*.

Chucho:
Ja ja

VOCABULARY
Calle = Street

UNIDAD 4
LECTURA 2

MÁS CARNAVAL Y UNA COINCIDENCIA

Es el Carnaval en Cádiz, las calles están llenas de colores.

María, Chucho y Manu van con la Comparsa.

Manuel:

Es una Chirigota, no una comparsa.

María:

¿Cuál es la diferencia?

Manuel:

La chirigota tiene 12 personas y la comparsa tiene 15.

María:

¡Qué rápido cuentas!

Manuel:

Además, las Chirigotas son más cómicas y las Comparsas más emotivas*.

VOCABULARY

Emotivas = Emotional

Chucho:

¿Y qué dicen? No entiendo mucho...

Manuel:

Los temas siempre son sociales o políticos.

Chucho:

¡Qué chido*!

María:

¿Dónde están Johnny y Juana?

Chucho:

No sé donde están. Les escribo un mensaje.

Manuel:

Muy bien. Vamos al teatro y vemos los concursos.

¿SABÍAS QUÉ?

Chido es otra forma de decir "genial" o "guay" en México.

Después de ver los concursos los amigos van a comer a las fiestas callejeras*.

VOCABULARY
Fiesta callejera = Street party

Manuel, disfrazado* de marinero*, conversa con un señor disfrazado de cocinero.

Marinero:
¡Qué guay tu disfraz de marinero! Yo también soy marinero.

Manuel:
No, tú estás disfrazado de cocinero.

Marinero:
Sí, mi disfraz es de cocinero, pero yo soy marinero de profesión.

VOCABULARY
Disfrazado = Dressed up
Marinero = Sailor

Manuel:
¿En serio? Y yo soy cocinero de profesión.*

Marinero:
¡Qué coincidencia, yo disfrazado de cocinero y tú de marinero! Ja ja

Manuel:
Ja ja ja

Marinero:
¿Y te gusta navegar?*

Manuel:
Claro. Mi padre tiene un velero* y mi sueño* es conocer el Mar Caribe.*

Marinero:
Entonces esto no es sólo una casualidad, el Caribe es mi mar preferido.*

VOCABULARY

¿En serio? = Really?   Velero = Sail boat
Navegar = Sail   Sueño = Dream
Claro = Of course   Sólo = Just

Manuel:
¿Ya lo conoces* ?

Marinero:
Sí... tengo muchos recuerdos*

Marinero:
¿Vienes con amigos?

Manuel:
Sí, venimos de Alcalá de Henares.

Marinero:
¡De muy lejos*! ¿Y dónde duermen hoy?

Manuel:
Pienso que en el auto. ¡La otra opción es no dormir y seguir* la fiesta!

VOCABULARY

Conoces = Been there
Recuerdos = Memories
Lejos = Far
Seguir = Continue

Marinero:
Se pueden quedar* en mi casa si quieren. ¿Cuál es tu teléfono?

Manuel:
Mi número de teléfono es 5509582802.

Marinero:
Mi número es 5505783699. Llámame* si necesitan un lugar donde dormir esta noche.

Manuel:
¡Gracias! ¡Encantado de conocerte*!

Marinero:
El gusto es mío ¿Cómo te llamas?

Manuel:
Manuel.

VOCABULARY
Quedar = Stay
Llámame = Call me
Conocerte = Meet you

Marinero:
Ja ja ja

Manuel:
¿Por qué te ríes*?

Marinero:
Yo también me llamo Manuel... Ja ja ja

VOCABULARY
Ríes = You laugh

Los amigos duermen en casa de Manuel el marinero. Antes de volver a Alcalá, María pasa por el buzón de correos* para enviar una postal para su abuela.

Querida Abuela:
Esta postal es del Carnaval de Cádiz.
Me recuerda al Tapati Rapa Nui.
El festival de Cádiz tiene concursos de canto, desfile de caballos y la gente se pinta y se disfraza...
La ciudad es muy bonita, y estoy feliz de conocer la tierra de mi poeta favorito:
Federico García Lorca.
Nos vemos pronto.
Te quiero
María

¿SABÍAS QUÉ?
Lorca fue un poeta muy importante en España.

VOCABULARY
Buzón de correos = Mail box
Fue = Was

UNIDAD 5
LECTURA 1

UNA SORPRESA PARA JUANA

Juana cumple 18 años y sus amigos le van a celebrar una fiesta sorpresa.

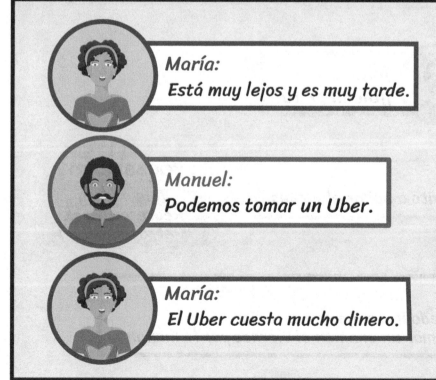

María:
Está muy lejos y es muy tarde.

Manuel:
Podemos tomar un Uber.

María:
El Uber cuesta mucho dinero.

Manuel:
Vale*, vamos a tomar el autobús.

María:
Vale, y de regreso* podemos tomar el metro*.

Juana llega en 10 minutos. Top secret.

Juana:
¡Hola chicos! ¿Cómo están?

Todos:
¡¡Bien!! ¿Y tú?

Juana:
¡Bien! Los invito a bailar el jueves.

VOCABULARY
Vale = Okay
Regreso = Back
Metro = Subway

María:
Uy, yo no puedo ir, tengo que estudiar.
Tengo que tomar un examen el viernes por la mañana.

Hoy es jueves y es el cumpleaños de Juana. Johnny le escribe a Juana:

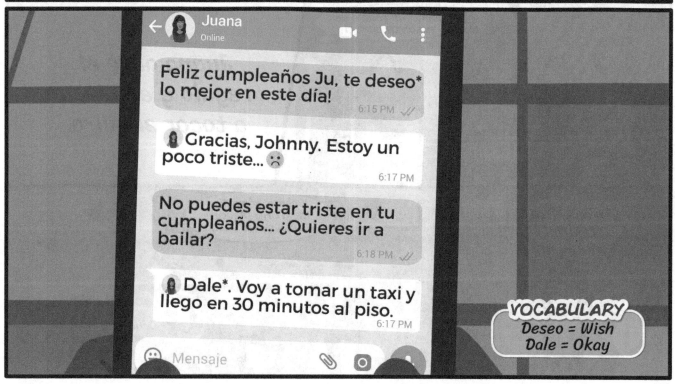

UNIDAD 5
LECTURA 2

LA DESPEDIDA

Después del cumpleaños de Juana los amigos se despiertan* temprano para limpiar.

Chucho:
Yo voy a lavar los platos*, me gusta más que barrer*.

María:
Yo prefiero barrer.

Chucho:
¡Qué divertida la fiesta de Juana!

Manuel:
Muy linda: Es como tener a Cuba en casa.

Johnny:
Gracias amigos, you are the best. Los voy a echar de menos*.

Chucho:
Es cierto, ya pronto volvemos a nuestra casa.

VOCABULARY

Despiertan = Wake up
Platos = Dishes
Barrer = Sweep
Echar de menos = Miss you

Manuel:
Va a estar muy vacío* el piso sin ustedes.

Chucho:
Sí... y va a ser extraño* volver con mi familia.

Johnny:
Yeah man, tienes que visitarme, Manuel.
En Houston tienes tu casa.

Manuel:
Gracias... Tengo una sorpresa: ¡Voy a ser cocinero* en un velero en el Caribe!

Chucho:
¡Cómo! ¿No es broma*?

Manuel:
No es broma, Manuel el marinero quiere que trabaje en su velero el año próximo.

VOCABULARY

Vacio = Empty
Extraño = Weird
Cocinero = Chef
Broma = Joke

Johnny:
¡Felicidades, amigo! ¿Entonces nos vas a visitar?

Manuel:
Eso quiero hacer.

Chucho:
¡Vas a tener que invitarnos al velero! Ja ja ja

Manuel:
Ja ja, es una buena idea.

María:
Oye Johnny, ¿Qué pasa entre tú y Juana? ¿Se separan*?

Johnny:
Sí... ella no puede viajar a Houston, pero queremos volver a vernos*.

VOCABULARY

Separan = Break up
Vernos = See each other

Chucho:
¿Y si la visitas en Cuba?

Johnny:
Ella no puede salir de España porque no es ciudadana*.

Manuel:
Claro... entonces tienes que venir a España para verla.

Johnny:
Espero verla de nuevo.

Manuel:
Recuerda* que aquí tienes tu casa.

Johnny:
Thanks dude...

VOCABULARY
Ciudadana = Citizen
Recuerda = Remember

Después de un año de vivir juntos*, llega el momento de la despedida*.

Chucho y Johnny toman el metro para ir al aeropuerto.
Después se dan un abrazo, y cada uno va a su
puerta de salida* para tomar el avión.

VOCABULARY

Puerta de salida = Departure gate

Pero esto no termina aquí, esta historia continúa con muchas aventuras nuevas en el continente Americano.

Te esperamos en el Nivel 2 de
"La vuelta al mundo hispano".

UNIT

WORKSHEETS

To get a copy of all worksheets
scan the QR code or go to
tinyurl.com/LVMH-level1

Made in the USA
Monee, IL
18 October 2024

67472962R00050